Computer & Kommunikation
www.cknow.de
Heinz-Otto Weißbrich

Ein Reise von München nach USA
Mt. St. Helen, Route 101 1994 Teil1

AF175424

Mount St.Helen 1994

Verfasser Heinz-Otto Weißbrich 2021

Vorwort:

Unsere Reise begann in München.

Wir flogen dann nach Amsterdam.

Dann stiegen wir in einen Jumbo,
der Flog uns über den großen Atlantik
über Grönland und wilden Gletschern
nach Detroit. Mit einer klapprigen 737
flogen wir dann nach Portland.

Unsere Reise teilte sich dann in 2 Teile.

1. Teil, der hier beschrieben ist

Mt. St Helen, Saettle, Vancouver, zurück die
Route 101 nach Portland.

Den 2. Teil beschreibe ich in einem anderem
Buch, von Portland Richtung Kalifornien zu
den Redwoods

Computer & Kommunikation
www.cknow.de
Heinz-Otto Weißbrich

Inhaltsverzeichnis

Computer & Kommunikation
www.cknow.de
Heinz-Otto Weißbrich

Herstellung und Verlag: BoD – Books on
Demand, Norderstedt
ISBN: 978-3-7534-8198-2
Haftungshinweis:
Trotz sorgfältiger inhaltlicher Kontrolle
übernehme ich keine Haftung für die Inhalte.
Aus Gründen des Urheberrechts ist die
Speicherung und Vervielfältigung von
Bildmaterial, Grafiken und Texten nicht
gestattet.
Alle Inhalte auf meinen Seiten vermitteln
lediglich einen unverbindlichen Überblick nach
bestem Wissen..
Bibliografische Information der Deutschen
Nationalbibliothek,
im Internet über dnb.dnb,de abrufbar

Verfasser Heinz-Otto Weißbrich 2021

Reiseroute Portland, Mt. St. Helen, Vancouver, Olympic Parc, route 101 , Portland

Abb. 1 Bild und *.jpg

copyright Heinz-Otto Weißbrich

1. **Anreise von München nach Detroit**

Mein Schwager Reinhart wurde 1994 in Amerika (Portland im State Oregon) 60. Wir beschlossen ihn zu besuchen. Im August 1994 flogen wir mit der KLM (damals holländische Fluggesellschaft) nach Amsterdam. Heute gibt es die KLM wohl nicht mehr. Aber hier ist sie noch.

Abb. 2 Bild und *.jpg copyright Heinz-Otto Weißbrich

Von Amsterdam flogen wir mit einem Jumbo 747 von Boeing erst einmal nach Detroit. Ich hatte in der Mitte einen schönen Fensterplatz, wo niemand vor uns saß und der hatte nur 2 Sitzplätze und rechts war noch frei. Die Fenster wurden zwar von den Stewardessen verdunkelt, der Fernseher wurde angemacht und uns ein fürchterliches Video präsentiert. Ich machte mein Fenster heimlich wieder auf und konnte so Richtung Norden rausschauen. Ich dachte schon der Jumbo kommt gar nicht hoch, so langsam hob er ab und gewann gar nicht an Höhe. Wir flogen über England, Irland und dann kam erst einmal 5 Stunden nur Atlantik. Er ist schon riesig groß. Ich sah immer weiße Spitzen auf dem Wasser (Schaumkämme der Wellen).

Dann sah ich Grönland, es war gute Sicht, so daß ich die ganzen Gebirge und Gletscherzungen genau sehen konnte. Es muß so ca. 2 Stunden gewesen sein.

2. Groenland

Abb. 3 Bild und *.jpg copyright Heinz-Otto Weißbrich

Abb. 4 Bild und *.jpg copyright Heinz-Otto
Weißbrich

Dann kamen für längere Zeit schöne wilde
Landschaften.

Abb. 5 Bild und *.jpg copyright Heinz-Otto Weißbrich

3.Detroit

Wir flogen vom Norden in Amerika rein
direkt nach Detroit. Damals noch große
Autostadt, heute wohl pleite, aber 2016
erfindet sich die Stadt neu und produziert
wieder , dank Internet of Things. Hier
Detroit mit großem See.

Abb. 6 Bild und *.jpg copyright Heinz-Otto
Weißbrich

4. Von Detroit nach Portland (Oregon)

Nun ging es noch einmal 5 Stunden mit einer klapprigen 737 Boeing Richtung Portland. Damals ist dieser Maschinentyp gerade 2x im Sturzflug abgestürzt.

Wir sind in München um 12 Uhr los gefahren und waren um 22 Uhr in Portland. Wir hatten also ziemlich lange Nachmittag. Der Zeitunterschied zwischen München betrug 9 Stunden. Also 12 Uhr 9 = 3 Uhr + 19 Std. Reisezeit = 22 Uhr.

Kurz vor der Landung umkreiste der Flieger noch den Jefferson, einer der vielen 4000 er

Vulkanberge, die wie an der Schnur gezogen da standen. In Portland haben uns mein Schwager Reinhart und seine Frau Helma freudig empfangen. Reinhart hatte außerhalb von Portland ein Haus mit einem riesigem Grund gekauft. Im unterem Teil war ein Bach, der bei Hochwasser ziemlich nah ans Haus kam. Auf den nächsten Seiten ein paar Fotos.

Abb. 6a Bild und *.jpg copyright Heinz-Otto Weißbrich

4a Portland , Westamerika

Der erste Einkauf ging in einen deutschen Laden.

Da gab es Weine, wie „Himmlisches Moseltröpfen" oder „Zeller schwarze Katz" und Knorr-Suppe, alles wie in den 50iger Jahren in Deutschland

In Amerika und Canada gibt es viele Holzhäuser.

Oregon hat ca. 5 Millionen Einwohner und ist 3x so groß wie Deutschland. In Portland wohnen davon ca. 3 Millionen. Viele Häuser haben sehr viel Wald in der Umgebung und es kann passieren, daß Waldbrände die Holzhäuser platt machen.

Im Frühjahr 2021 berichtete mein Schwager die Feuerwand gerade noch 20 Minuten mit dem Auto weg war. Die Sonne war tagelang nicht zu sehen. Sie mußten Luftfilter ins Haus einbauen, damit sie nicht erstickten.

Es kann auch mal ein Bär vor der Tür stehen. Die Menschen müssen sich dort sehr viel mit der Natur auseinander setzen. Der Vorbesitzer vom Vorbesitzer des Grundstückes hatte Schafe. Als Reinhart das

Haus gekauft hatte, hatte er ein Foto gesehen, da waren Wiese und Bäume. Sein Vorbesitzer hatte nichts gemacht und der ganze Garten wurde mit meterhohen Brombeeren verwildert.

Reinhart hat das Grundstück jeden Morgen eine ½ Std. vor der Arbeit urbar gemacht , so daß 10 Apfelbäume zum Vorschein kamen.

Die Brombeersträucher mußten mit Unkrautex bearbeitet werden, sonst wären sie nicht zu bändigen gewesen. Mit den immer noch sehr vielen Brombeeren wurde sehr viel Marmelade eingekocht.

4b Wie ticken die Amerikaner

Es wurde in Amerika auch oft dazu aufgerufen, Geld für Autobahnen zu spenden, um das Land zu erschließen.

Nun lernten wir Portland und die amerikanischen Einkaufsgewohnheiten kennen. Die Supermärkte hatten 24 Stunden offen. Wenn du einen Job gesucht hast, hast du da sicher etwas gefunden. Alkohol gab es nur in bestimmten Läden zu kaufen und durfte in der Öffentlichkeit nicht getrunken werden. Die Verkäufer trugen dir die Einkaufstüten bis zum Auto.

Reinhart sagte, als er am Anfang in Amerika war, lag dort überall der Müll rum, aber das hat sich sehr geändert.

5. Ausflug an den Pazific

Reinhart und Helma fuhren dann mit uns zum Pacific und zu einem Ort an der **bekannten Route101**. Im übrigen lief im Radio dort laufend amerikanische Country-Music.

Abb. 9 Bild und *.jpg copyright Heinz-Otto Weißbrich

Die Pazifikküste im Norden von Oregon

5a City an der Route 101

Abb. 10 Bild und *.jpg copyright Heinz-Otto

6. Großer Reedwood an der Pazifikküste

**Die Reedwoods sind ganz alte feuerbeständige Baüme.
Deshalb sind sie auch so alt.**

Abb. 10a Bild und *.jpg copyright Heinz-Otto Weißbrich

6.. Campingreise nach Vancouver und zurück

Gut unsere weitere Reise teilte sich nun
in 2 Abschnitte.

Reinhart hatte noch keinen Urlaub und wir
fuhren erst einmal Richtung Vancouver zur
Cousine von der Gabs.

Reinhart hatte uns seinen VW-Bus geliehen,
wo wir an Campingplätzen schlafen
konnten.

Der 2. Abschnitt ist eine Reise
von Portland Richtung Kalifornien.

Werde ich in einem 2. Buch beschreiben.

Hier unsere Reiseroute.

Abb. 11 Bild und *.jpg copyright Heinz-Otto
Weißbrich

Reiseroute Portland, Mt. St. Helen,
Vancouver, Olympic Parc, 101 Route,
Portland

7.. Mt. St. Helen, explodierter Vulkan 1980

Hier unsere direkte Reiseroute zum Mt. St.
Helen

Abb. 11a Bild und *.jpg copyright Heinz-
Otto Weißbrich

Am 6. Mai 1980 ist der Mt. St. Helen ausgebrochen, einer der Vulkanberge in der Gegend, ca. 2 Autostunden nördlich von Portland. Wir beschlossen dorthin zu fahren, Reinhart hatte uns vorher schon einen Film aus einem Flugzeug gezeigt. In einem Vulkan-Museum stellten wir fest, daß der Ausbruch des Mt. St. Helen 1/19 des größten Vulkanausbruchs auf der Erde war.

Viele Vulkanologen forschten am Berg. Einige hatten sich verrechnet und sind Nicht rechtzeitig geflüchtet und bezahlten es mit dem Tod.

Auf der nächsten Seite der Ausbruch.

Abb. 12 *.jpg copyright Heinz-Otto
Weißbrich

8. Mt. St. Helen 1994

Abb. 13 Bild und *.jpg Heinz-Otto Weißbrich

Mt. St. Helen 1994 aufgenommen. 1980 von ca. 4200 m Höhe auf 2800 m geschrumpft. Im Krater hat es damals immer noch gekokelt. Ursprünglich wollte man die ganze Gegend mit Rasensamen bestreuen. Die Naturschützer hatten sich aber durchgesetzt, sie wollten schauen, wie sich die Natur entwickelt.

Übrigens ist der Mt.St. Helen nicht der einzige Vulkanberg in der Gegend.

Es gibt u.a. noch den Mt. Adams, den St. Rainer und den Mt. Hood (guter Skiberg von Reinhart und Helma.

9. .Mt. Adams auf der Ostseite vom Mt. St. Helen

Abb. 13a Bild und *.jpg Heinz-Otto Weißbrich

10. Fireweed Pflanzen
Das nächste Bild zeigt, wie die Fireweed-
Pflanze sich ausgebreitet hat. Sie hat den
Namen, weil sie einer der ersten Pflanzen
ist, die nach einem Feuer wieder wachsen.
 Wald mit Fireweed-Pflanzen am Mt. St. Helen
1994

Abb. 14 Bild und *.jpg Heinz-Otto Weißbrich

11. Zerstörter Wald am Mt.St. Helen 14 Jahre
nach seinem Ausbruch 1994

Abb. 15 Bild und *.jpg
Copyright Heinz-Otto Weißbrich

Es war damals für die Wissenschaft sehr
interessant und einige Vulkanologen wagten
sich zu weit vor, andere wollten ihre Häuser
nicht verlassen. Einige sind umgekommen.
In Portland war alles mit 10 cm Asche
bedeckt. Die Explosion hat mein Schwager
bis Portland gehört. Von der
Aussichtsplattform am Mt. St. Helen konnte
man gut sehen, wie die Hölzer des Waldes,
wie Streichhölzer in der Gegend lagen. Der
eine See war voller Baumstämme, ganz weiß.

Abb. 16 Bild und *.jpg Heinz-Otto
Weißbrich

12. Suchen nach einer Übernachtung

Wir waren bis kurz vorm Dunkel an der Plattform, wollten erst dort schlafen, aber es war uns doch zu unheimlich. Wir fuhren runter, um einen Campingplatz zu suchen. Wir zweigten dann von der Hauptstraße ab, die Bäume wurden immer höher und die Straße immer schmaler. Überall kamen die Tiere aus dem Wald, es war unheimlich. Es kam kein Campingplatz, wir hatten uns wohl verfahren, gerade daß wir noch umdrehen konnten. Die Straße viel rechts und links steil ab. Wir waren 1 Straße zu früh abgebogen, schließlich fanden wir noch einen Campingplatz.

Es ist in den USA einfach. Aus einer Schachtel holst du einen Anmeldezettel, trägst deine Daten ein, tust 10$ dazu und das Ganze in einen Briefkasten. Der Ranger schaut am Abend, ob alle Feuer aus sind und weiß am nächsten Morgen auch genau, ob noch jemand gekommen.

13. Weiterreise nach Seattle und Vancouver

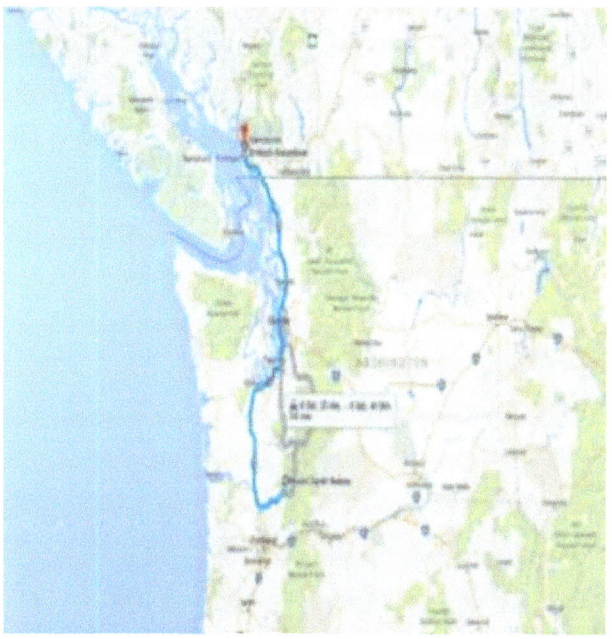

Am nächsten Morgen ging es weiter Richtung Seattle.

Auf der Ostseite von Seattle ist majestätisch der Mount Rainer mit 4392m, der König der Vulkanberge, zu sehen.

Abb. 16 Bild und *.jpg Heinz-Otto Weißbrich

14. Transport eines Hauses

Unterwegs auf den kleinen Straßen fanden wir immer wieder kleine Holzhäuser und daneben mindestens 5 Schrottautos, weil es so dünn besiedelt ist und es wohl niemand den Schrott abholt. Auf den Autobahnen wurden halbe Häuser transportiert.

Im Westen von Amerika werden die meisten Häuser aus Holz gebaut, so war es jedenfalls 1994. Die Amis sind da auch sehr flexibel. Brauchen sie eine andere Arbeit in einer ganz anderen Gegend, wird das Haus einfach mitgenommen. Platz ist genug da. Oregon hatte damals 5 Millionen Einwohner, davon wohnten ca. 3 Millionen in Portland und Oregon ist 3x so groß, wie Deutschland.

Transport eines halben Hauses.

Abb. 17 Bild und *.jpg Heinz-Otto
Weißbrich

15. Seattle

Seattle´s Skylines waren beeindruckend.

Abb. 18 Bild und *.jpg Heinz-Otto
Weißbrich

Wir fuhren in die Innenstadt aber hielten uns
nicht lange auf, denn wir wollten ja noch
nach Vancouver zu Gabs ihrer Cousine.

16. In Vancouver

In Vancouver wurden wir von den
Verwandten herzlich empfangen.

Vancouver besteht aus Vancouver und
Vancouver Island. Wir fuhren mit dem Schiff
nach Vancouver Island und konnten so gut
die Skyline von Vancouver sehen.Wir
besichtigten auch noch Vancouver Island.

Abb. 19 Bild und *.jpg Heinz-Otto
Weißbrich

Vancouver war damals schon von viel
Hongkong-Chinesen besiedelt, die
Hongkong verlassen wollten, weil es 1997 zu
Rot-China zugeschlagen wurde.

Das beindruckende Rathaus

Vancouver-City Abb. 20 Bild und *.jpg
Heinz-Otto Weißbrich

Unsere verwandten fuhren uns in Gasthaus
außerhalb von Vancouver. Da entstand

Dieses schöne Foto.

Landschaft in Vancouver Abb. 21 Bild und
*.jpg Heinz-Otto Weißbrich

17. Richtung Route 101 zum Olympic Park

Nach einigen Tagen in Vancouver fuhren wir Richtung Süden zum Deception Pass, zurück von Canada in die USA.

Weg von Vancouver zum Deception Pass

Abb. 22 Bild und *.jpg Heinz-Otto Weißbrich

Wunderschöne Landschaft am Deception
Pass mit Vulkan-Hintergrund

Abb. 23 Bild und *.jpg Heinz-Otto
Weißbrich Es ging nun weiter die berühmte
Route 101, besungen von vielen
Countrysängern, die wir auch nun ständig
im Radio zu hören bekam.

Wir kamen nach Port Townsend und es ging weiter Richtung Westen zum Olympic National Besucher Park.

Abb. 24 Bild und *.jpg Heinz-Otto Weißbrich

18. Towsend

Abb. 25 Bild und *.jpg Heinz-Otto Weißbrich

Port Townsend

Die Straße, die Route 101 Country street, war umgeben von riesigen Bäumen, über 200 Meilen keine Menschenseele, absolute Wildnis. Wichtig war, daß der Tank voll war und daß das Auto funktionierte. 250 Meilen keine Tankstelle.

Abb. 26 Bild und *.jpg Heinz-Otto Weißbrich

19.. Olympic Park

Hier liegt einer der letzten Regenwälder der
gemäßigten Breiten, die weltgrößte Douglas-
Tanne steht hier und die Bäume sind
teilweise bis 1000 Jahre alt.

Abb. 27 Bild und *.jpg Heinz-Otto
Weißbrich

Abb. 28 Bild und *.jpg Heinz-Otto
Weißbrich

Von der felsigen Pazifikküste reicht der Park über riesige Wälder bis zum

 Mount Olympus mit 2428 m. Wir fuhren dorthin über eine Landschaft mit vielen Inseln, Brücken und riesigen Wäldern. In dem Park fanden wir dann einen schönen Campingplatz. Er war ein Erlebnis.

Abb. 29 Bild und *.jpg
Heinz-Otto Weißbrich
erwunschene Natur im
Olympiapark

20. Route 101 Richtung Long Beach, Portland

Schließlich ging es die 101 Richtung Forks.

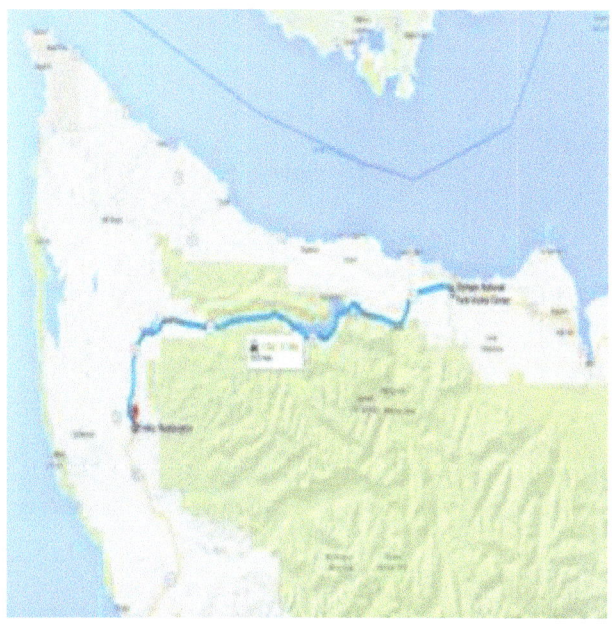

Abb. 30 Bild und *.jpg Heinz-Otto
Weißbrich

An der Route 101 findend man solche
Häuser, einsam

Abb. 31 Bild und *.jpg Heinz-Otto
Weißbrich

Abb. 32 Bild und *.jpg Heinz-Otto
Weißbrich

Route 101 rechts und links Douglas Tannen

Fantasievolle Häuser an der Route 101

Abb. 33 Bild und *.jpg Heinz-Otto Weißbrich

Hier noch einmal unsere Reiseroute

Abb. 34 Bild und *.jpg Heinz-Otto

Weißbrich

Wir kamen dann noch an den „größten Sandstrand der Welt",

Bei den Amis gibt es immer das Größte, was zwar oft stimmt, aber hier war es nicht so, denn wir kannten ja die Atlantikküste von Frankreich.

Abb. 35 Bild und *.jpg Heinz-Otto Weißbrich

In dieser Gegend mußten wir noch einmal campen, der Platz war zwar nicht so schön, aber es ist immer ein Grillplatz mit Holz da, so daß man die riesigen amerikanischen (Hormon-)Steaks grillen kann.

Abb. 36 Bild und *.jpg Heinz-Otto

Weißbrich   Copyright Heinz-Otto

Weißbrich

Hier noch einmal die wilden Häuser im Westen von Amerika 1994.

 Am nächsten Tag gingen wir auf der Fahrt
nach Portland noch in eine Pizza. Wir bestellten
uns jeder eine mittlere Pizza. Die waren so
groß, wie 3 Pizzen bei uns. Aber die Wirtin hat
es überhaupt nicht interessiert, nach 5 Minuten
kam sie mit der Frage, ob wir ein Doggi-Bag
wollten.
Wir sagten natürlich ja, denn schaffen
konnten wir es nicht. Wir nahmen es mit
nach Portland, wo der Schwager mit Frau
und Tochter volle Mahlzeiten hatten, es war
nur so ein kleines Erlebnis.

21. Portland

Abb. 37 Bild und *.jpg Heinz-Otto
Weißbrich

Das war die erste Beschreibung Reise nach
Portland, wenn ich es schaffe, folgt noch der

2. Teil, zusammen mit meinem Schwager
und Frau.

Dann fahren wir von Oregon ostwärts,

Richtung Kalifornien